KB094459

♥ 다홍 ♥

숲속의 담
소곤소곤 비밀 이야기

영진닷컴

숲속의 담

💚 캐릭터 소개 💚

담 ISFP
생명을 빠르게 성장시키는
특별한 능력을 가진 숲의 귀신이자 정령

미쉬 ESFP
마을 사람들에 의해 숲의 귀신에게
제물로 바쳐진 소년

코나 ENFJ
담의 어릴 적 단짝 친구이며 그의 능력을
순수하게 기뻐해 주는 가장 소중한 친구

니케 INFP
나나의 후손이자
담 일행의 든든한 조력자

플로리안 ESFJ
고향인 바츠에서 탈출해 레나와 율리를 만나
가족의 정의를 다시 찾는 어른 아이

레나 ISTJ
겉으론 차갑고 시크하지만 마음속엔
성장하지 못한 어린 아이가 숨어 있음

율리 ENTJ
담과 미쉬가 있던 숲에 홀연히 나타난 소녀
발명에 엄청난 소질이 있음

꼬리 CUTE
어느날 갑자기 담 일행의
집에 찾아오는 귀여운 친구

진 ISTP
미쉬에게 든든한 친구이자
동물을 길들이는 재주를 가진 담의 후손

♥ who are you? ♥
너를 소개해 줄래?

안녕!
우리와 함께 소곤소곤 비밀 이야기를 할 준비는 되어 있지?
스쳐지나갈 뻔한 너의 소중한 투억을 한 권으로 완성해 보자.
그럼 이제 너의 이야기 들려 줄래?

안녕! 반가워. 처음 쓰는 비밀 일기인데
오늘 일기에는 어떤 제목을 붙여 볼까?

'오늘'을 표현하는 너만의 해시태그를 만들어봐!

너를 대표할 수 있는 단어를 다섯 개 만들어 본다면?

'오늘'을 표현하는 너만의 해시태그를 만들어봐!

DATE.

너의 올해 목표는 무엇이야?
난 코나와 심은 식물을 잘 가꿔 볼 거야.

'오늘'을 표현하는 너만의 해시태그를 만들어봐!

최근 가장 기억에 남는 말이나 문장이 있어?
노래 가사, 드라마 대사 등 어떤 것도 다 좋아. 이유도 알려 줘!

'오늘'을 표현하는 너만의 해시태그를 만들어봐!

오늘 네가 많이 사용한 단어는 뭐가 있을까?

'오늘'을 표현하는 너만의 해시태그를 만들어봐!

요즘 너의 가장 큰 고민은 뭐야?

'오늘'을 표현하는 너만의 해시태그를 만들어봐!

조금 더 어릴 때 해 보지 않아서 후회되는 일이 있어?

'오늘'을 표현하는 너만의 해시태그를 만들어봐!

고쳐야지~ 고쳐야지~ 하면서도
고치지 못 하고 반복하는 버릇이 있어?

'오늘'을 표현하는 너만의 해시태그를 만들어봐!

새로운 무언가를 시작한다면
무엇을 해 보고 싶어? 공부? 운동?

'오늘'을 표현하는 너만의 해시태그를 만들어봐!

네가 좋아하는 단어들을 몽땅 다 적어 봐.
생각만 해도 행복해지는 것들 말야.

'오늘'을 표현하는 너만의 해시태그를 만들어봐!

'친구'라고 하면
가장 먼저 떠오르는 사람이 있어?
나에게도 소개해 줘.

'오늘'을 표현하는 너만의 해시태그를 만들어봐!

오늘 너를 웃게 한 것은 무엇이야?

'오늘'을 표현하는 너만의 해시태그를 만들어봐!

DATE.

너만의 스트레스 해소 방법이 있다면 알려 줄래?

'오늘'을 표현하는 너만의 해시태그를 만들어봐!

으... 전부터 지켜보던 당장 버려야 할 물건
세 가지가 있다면 적어 보기!

'오늘'을 표현하는 너만의 해시태그를 만들어봐!

너의 힐링 푸드는?

'오늘'을 표현하는 너만의 해시태그를 만들어봐!

최근에 외롭다고 느낀 순간이 있었어?
최근이 아니더라도 외롭다고 느끼는
순간은 언제야?

'오늘'을 표현하는 너만의 해시태그를 만들어봐!

DATE.

너에게 딱 일 년만 초능력이 생긴다면 어떤 능력을 갖고 싶어?

'오늘'을 표현하는 너만의 해시태그를 만들어봐!

너의 요즘 최애 장소는?

'오늘'을 표현하는 너만의 해시태그를 만들어봐!

지금 거울을 보고 너에게 한마디를 해 준다면?
못 생겼다는 말은 하지 않기!

'오늘'을 표현하는 너만의 해시태그를 만들어봐!

오늘 신경 쓰였던 일이 있어?

'오늘'을 표현하는 너만의 해시태그를 만들어봐!

영화 속 주인공처럼 살 수 있다면 넌 어떤 영화 속의 주인공이 되고 싶어?
난 숲속의 미…남?

'오늘'을 표현하는 너만의 해시태그를 만들어봐!

마법의 약물이 있어. 이 약물을 상대방이 마시면 사랑에 빠질 수 있대.
넌 누구에게 이 약물을 전해 주고 싶어?

'오늘'을 표현하는 너만의 해시태그를 만들어봐!

만약에 영화 감독이 될 수 있다면 어떤 영화를 만들어 보고 싶어?
로맨스? 아니면 감동적인 가족 영화?

'오늘'을 표현하는 너만의 해시태그를 만들어봐!

어떨 때 화가 나? 너의 분노 버튼은 뭐야?

'오늘'을 표현하는 너만의 해시태그를 만들어봐!

지금 당장 여행을 떠날 수 있다면
누구와 어디로 여행을 가고 싶어?

'오늘'을 표현하는 너만의 해시태그를 만들어봐!

누군가와 친해질 때 먼저 다가가는 타입이야?
아니면 다가오길 기다리는 타입이야?

'오늘'을 표현하는 너만의 해시태그를 만들어봐!

오늘 하루 넌 어떤 감정들을 느꼈어?
생각 나는 대로 모두 다 적어 보자.

'오늘'을 표현하는 너만의 해시태그를 만들어봐!

진짜 좋은 사람은 다른 사람의 기쁜 일을 진심으로 축하해 주는 사람이래.
너는 친구의 기쁜 일을 진심으로 축하해 주는 편이야?

'오늘'을 표현하는 너만의 해시태그를 만들어봐!

내 마음을 잘 알지도 못 하면서 멋대로 평가하는 거 너무 싫어.
이런 사람들에게 해 주고 싶은 말 있어?

'오늘'을 표현하는 너만의 해시태그를 만들어봐!

"대체 나한테 왜 이래?"라고 생각할 만한 일이
너에게 일어난 적 있었어?

'오늘'을 표현하는 너만의 해시태그를 만들어봐!

인생에서 절대 포기할 수 없는 단 한 가지가 있다면?

'오늘'을 표현하는 너만의 해시태그를 만들어봐!

나이가 들어서도 변하지 않았으면 하는 너의 모습이 있다면?
난 늘 변하지 않아서 말이지...

'오늘'을 표현하는 너만의 해시태그를 만들어봐!

최근에 주변 사람들의 칭찬을 받아 본 적 있어?
어깨가 으쓱할 정도로 좋았던 순간을 나에게도 알려 줘.

'오늘'을 표현하는 너만의 해시태그를 만들어봐!

사랑하는 사람에게 지금 편지를 써야 한다면
제일 첫 문장은 어떻게 쓰고 싶어?

'오늘'을 표현하는 너만의 해시태그를 만들어봐!

네 외모 중 어디가 제일 마음에 들어?
나에게 알려 줄 수 있어?

'오늘'을 표현하는 너만의 해시태그를 만들어봐!

최근에 가장 성취감을 느꼈던 일이 있어?

'오늘'을 표현하는 너만의 해시태그를 만들어봐!

지금 너에게 가장 필요한 사람은 누구야?

'오늘'을 표현하는 너만의 해시태그를 만들어봐!

제일 듣기 싫은 잔소리는?
난 이 소리가 그립기도 해...

'오늘'을 표현하는 너만의 해시태그를 만들어봐!

내 별명은 '숲의 귀신'이야.
너도 별명이 있어?
넌 그 별명이 마음에 들어?

'오늘'을 표현하는 너만의 해시태그를 만들어봐!

고민이 생겼을 때, 친구나 가족에게 털어놓는 편이야?
아니면 혼자 고민하는 편이야?
그렇게 하는 이유도 알려 줘.

'오늘'을 표현하는 너만의 해시태그를 만들어봐!

DATE.

누군가를 위해 무언가 만들어 본 적 있어?

'오늘'을 표현하는 너만의 해시태그를 만들어봐!

너가 한 가장 대담한 일은 뭐야?

'오늘'을 표현하는 너만의 해시태그를 만들어봐!

너는 과정이 중요하다고 생각해?
결과가 중요하다고 생각해?

'오늘'을 표현하는 너만의 해시태그를 만들어봐!

너의 여행 스타일은 어때?
너와 여행 스타일이 잘 맞는
친구가 있어?

'오늘'을 표현하는 너만의 해시태그를 만들어봐!

왜 이렇게 되는 일이 없는 걸까?
네가 계획한 대로 흘러가지 않을 때, 너는 어떻게 해?

'오늘'을 표현하는 너만의 해시태그를 만들어봐!

다른 사람을 만나면 에너지가 생긴다 VS 혼자 있는 게 편하다

'오늘'을 표현하는 너만의 해시태그를 만들어봐!

하루 일과 중 가장 귀찮은 게 뭐야?
난 밥 먹는 거.

'오늘'을 표현하는 너만의 해시태그를 만들어봐!

가끔 너 자신을 이해할 수 없을 때가 있어?

'오늘'을 표현하는 너만의 해시태그를 만들어봐!

태어나서 가장 열정적으로 배워 본 게 있다면?

'오늘'을 표현하는 너만의 해시태그를 만들어봐!

요즘 네가 가장 의지하는 사람이 있어?
그 사람에게 의지하는 이유는?

'오늘'을 표현하는 너만의 해시태그를 만들어봐!

요즘 너에게 가장 의지하는 사람이 있어?
너한테 의지하는 이유가 뭐라고 생각해?

'오늘'을 표현하는 너만의 해시태그를 만들어봐!

네 인생의 최종 목표는 뭐야?
그 목표를 위해 무얼 하고 있어?

'오늘'을 표현하는 너만의 해시태그를 만들어봐!

사랑을 받을 때 더 행복해?
줄 때 더 행복해?

'오늘'을 표현하는 너만의 해시태그를 만들어봐!

요즘 너가 가장 아끼는 것은?

'오늘'을 표현하는 너만의 해시태그를 만들어봐!

살면서 꼭 만나고 싶은 사람이 있어?
만나서 무슨 말을 하고 싶어?

'오늘'을 표현하는 너만의 해시태그를 만들어봐!

닮고 싶은 사람이 있어? 어떤 부분에서?

'오늘'을 표현하는 너만의 해시태그를 만들어봐!

이때까지 해 본 가장 모험적인 일은 무엇이야?

'오늘'을 표현하는 너만의 해시태그를 만들어봐!

어떤 요일을 가장 좋아해? 그 이유는?

'오늘'을 표현하는 너만의 해시태그를 만들어봐!

살면서 너와의 약속을 딱 하나 정한다면?

'오늘'을 표현하는 너만의 해시태그를 만들어봐!

너를 불편하게 만드는 것은?

'오늘'을 표현하는 너만의 해시태그를 만들어봐!

5년 후 너는 어떤 모습일 것 같아?

_____

_____

_____

_____

_____

_____

_____

'오늘'을 표현하는 너만의 해시태그를 만들어봐!

용돈 또는 월급을 받으면 사고 싶은 것 1순위는?

'오늘'을 표현하는 너만의 해시태그를 만들어봐!

성과를 생각하지 않고 즐기면서 하는 일이 있어?

'오늘'을 표현하는 너만의 해시태그를 만들어봐!

DATE.

무언가 할 때 가장 최우선으로 염두에 두는 게 있어?

'오늘'을 표현하는 너만의 해시태그를 만들어봐!

스스로 아직 어리다고 느낄 때가 있어?

'오늘'을 표현하는 너만의 해시태그를 만들어봐!

내 뜻대로 되는 일이 하나도 없는 날,
너도 그런 날이 있었어?

'오늘'을 표현하는 너만의 해시태그를 만들어봐!

DATE.

주말을 행복하게 보내는 너만의 방법이 있다면?

'오늘'을 표현하는 너만의 해시태그를 만들어봐!

요즘 계속 미루고 있는 일이 있다면 어떤 일이야?

'오늘'을 표현하는 너만의 해시태그를 만들어봐!

최근에 산 물건 중에서 자랑하고 싶은 아이템이 있어?
그 이유도 알려 줘!

'오늘'을 표현하는 너만의 해시태그를 만들어봐!

내가 나라서 참 좋은 순간이 있어?

'오늘'을 표현하는 너만의 해시태그를 만들어봐!

넌 무엇을 잘 하는 사람이야?

'오늘'을 표현하는 너만의 해시태그를 만들어봐!

최근에 한 선택 중에 후회가 되는 선택이 있어?
난 오늘 점심 메뉴...

'오늘'을 표현하는 너만의 해시태그를 만들어봐!

네가 가장 안정감을 얻는 시간, 장소, 분위기를 말해 줄래?

'오늘'을 표현하는 너만의 해시태그를 만들어봐!

누군가에게 네가 힘이 되었던 일이 있다면 어떤 일이야?

'오늘'을 표현하는 너만의 해시태그를 만들어봐!

오늘 하루 일정은 어땠어?
간단히 적어 보자.

'오늘'을 표현하는 너만의 해시태그를 만들어봐!

무인도에 있는 너에게 신이 딱 한 사람을 데려다 줄 수 있다면,
넌 누구를 부르고 싶어?

'오늘'을 표현하는 너만의 해시태그를 만들어봐!

[숲속네컷]

너의 기억을 인생네컷으로 뽑을 수 있다면
어떤 순간을 인화하고 싶어?

'오늘'을 표현하는 너만의 해시태그를 만들어봐!

너에게 너무 큰일 같았는데 시간이 지나고 나서는 '아무것도 아니었네?'라고
생각한 일이 있어?

'오늘'을 표현하는 너만의 해시태그를 만들어봐!

최근에 선택한 것 중에 가장 잘 했다고 생각한 게 있다면?

'오늘'을 표현하는 너만의 해시태그를 만들어봐!

지금 사랑하는 사람이 있다면
그 사람의 어떤 점이 가장 좋은지 알려 줄래?

'오늘'을 표현하는 너만의 해시태그를 만들어 봐!

요즘 너의 삶에 꼭 필요한 것은 무엇이야?
난 위로...

'오늘'을 표현하는 너만의 해시태그를 만들어봐!

너와 똑같은 사람을 한 명 더 만들 수 있다면
그 사람에게 어떤 것을 대신 해 달라고 할 거야?

'오늘'을 표현하는 너만의 해시태그를 만들어봐!

요즘 들어 배우고 싶은 게 있어?

'오늘'을 표현하는 너만의 해시태그를 만들어봐!

지금 너에게 꼭 필요한 용기는 무엇일까?

'오늘'을 표현하는 너만의 해시태그를 만들어봐!

요즘 들고 다니는 가방에는 뭐가 들어 있어?

'오늘'을 표현하는 너만의 해시태그를 만들어봐!

지금 보고 싶은 사람을 떠올려 보고
그 사람의 이름과 네가 느끼는 감정을 말해 줘.

'오늘'을 표현하는 너만의 해시태그를 만들어봐!

소중한 사람에게 전하고 싶은 말이 있다면
수줍게 적어 볼까?

'오늘'을 표현하는 너만의 해시태그를 만들어봐!

넌 어떤 날씨를 좋아해?

'오늘'을 표현하는 너만의 해시태그를 만들어봐!

이번 주를 표현할 수 있는 음악을 한 곡 고른다면?

'오늘'을 표현하는 너만의 해시태그를 만들어봐!

혼자 있는 시간엔 주로 뭘 하면서 보내?

'오늘'을 표현하는 너만의 해시태그를 만들어봐!

평~생 한 가지 음식만 먹을 수 있다면 넌 어떤 음식을 먹을 거야?

'오늘'을 표현하는 너만의 해시태그를 만들어봐!

어릴 적을 떠올리게 하는 향기가 있어?
난 여름의 풀냄새가 그래.

'오늘'을 표현하는 너만의 해시태그를 만들어봐!

오늘 가장 듣고 싶은 칭찬이 있어?
위로의 말도 좋고.

'오늘'을 표현하는 너만의 해시태그를 만들어봐!

거절할 수 없는 제안을 받아 본 적 있어?

'오늘'을 표현하는 너만의 해시태그를 만들어봐!

지금 당장 무엇을 해 보고 싶어?
그게 무엇이든 난 널 응원하고 칭찬해 줄게.

'오늘'을 표현하는 너만의 해시태그를 만들어봐!

넌 어떤 이야기를 할 때 행복해?

'오늘'을 표현하는 너만의 해시태그를 만들어봐!

넌 하루 중에
언제 마음이 가장 편해져?

'오늘'을 표현하는 너만의 해시태그를 만들어봐!

남들이 알면 흥미롭게 생각할 만한 너만의 tmi는?

'오늘'을 표현하는 너만의 해시태그를 만들어봐!

이성을 볼 때 가장 먼저 보는 부분이 있어?

'오늘'을 표현하는 너만의 해시태그를 만들어봐!

사람은 변할 수 있다고 생각해?
난 아니라고 생각해.

'오늘'을 표현하는 너만의 해시태그를 만들어봐!

너와 정말 다르다고 느꼈던 사람이 있어?

'오늘'을 표현하는 너만의 해시태그를 만들어봐!

오늘 너의 하루에 점수를 매겨 봐.

'오늘'을 표현하는 너만의 해시태그를 만들어봐!

요즘 너를 행복하게 하는 게 뭐야?

'오늘'을 표현하는 너만의 해시태그를 만들어봐!

가장 오래된 친구는 누구야?
그 친구와는 언제부터 친했어?

'오늘'을 표현하는 너만의 해시태그를 만들어봐!

최근에 한 실수 중
계속 마음에 남는 일이 있어?

'오늘'을 표현하는 너만의 해시태그를 만들어봐!

자기 전에 생각하면 이불킥을 하게 되는 흑역사가 있어?

'오늘'을 표현하는 너만의 해시태그를 만들어봐!

DATE.

꿈에서 하루 종일 숲속을 헤매다 깼어..!
너도 악몽을 꾼 적 있어?

'오늘'을 표현하는 너만의 해시태그를 만들어봐!

요즘 친구들과 자주 나누는 고민거리는 뭐야?

'오늘'을 표현하는 너만의 해시태그를 만들어봐!

좋아하는 영화 속 명대사가 있어?

'오늘'을 표현하는 너만의 해시태그를 만들어봐!

네 인생 최고의 일탈은 무엇이야?

'오늘'을 표현하는 너만의 해시태그를 만들어봐!

네가 좋아하는 사람들은 어떤 특징을 갖고 있어?

'오늘'을 표현하는 너만의 해시태그를 만들어봐!

오늘 하루 중 가장 감사했던 일을 적어 보자.

'오늘'을 표현하는 너만의 해시태그를 만들어봐!

매일매일 습관처럼 하는 것은?

'오늘'을 표현하는 너만의 해시태그를 만들어봐!

너의 습관 중 좋은 습관과 나쁜 습관을 하나씩 이야기해 봐.

'오늘'을 표현하는 너만의 해시태그를 만들어봐!

오늘 네 기분은 어때?

'오늘'을 표현하는 너만의 해시태그를 만들어봐!

오늘 너를 낙담하게 한 일이나 사람이 있어?

'오늘'을 표현하는 너만의 해시태그를 만들어봐!

잠이 오지 않을 때 너는 어떻게 해?

'오늘'을 표현하는 너만의 해시태그를 만들어봐!

살면서 절박하다고 생각한 순간이 있었어?

'오늘'을 표현하는 너만의 해시태그를 만들어봐!

어렸을 적 가장 기억에 남는 장소가 있어?
그 곳엔 어떤 추억이 있어?

'오늘'을 표현하는 너만의 해시태그를 만들어봐!

일 년 중 가장 좋아하는 날은 언제야? 그 이유는?

'오늘'을 표현하는 너만의 해시태그를 만들어봐!

요즘 너의 하루 일과를 그려 봐.
무엇에 가장 많은 시간을 쓰고 있어?

'오늘'을 표현하는 너만의 해시태그를 만들어봐!

오늘 하루를 영화에 비유하자면 장르는?
리틀 포레스트?

'오늘'을 표현하는 너만의 해시태그를 만들어봐!

너 스스로가 소심하다고 느껴질 때가 있어? 언제야?

'오늘'을 표현하는 너만의 해시태그를 만들어봐!

이번 주 가장 많은 시간을 투자한 것은 뭐였어?
결과는 어땠어?

'오늘'을 표현하는 너만의 해시태그를 만들어봐!

아침형 인간 vs 저녁형 인간

'오늘'을 표현하는 너만의 해시태그를 만들어봐!

동질감이 느껴지는 캐릭터나 사람이 있어?

'오늘'을 표현하는 너만의 해시태그를 만들어봐!

인간관계에 있어서 중요하다고 생각하는 세 가지는?

'오늘'을 표현하는 너만의 해시태그를 만들어봐!

인생 최대의 실수는?

'오늘'을 표현하는 너만의 해시태그를 만들어봐!

꿈에 유난히 많이 나타나는 사람이나
장소, 배경이 있어?

'오늘'을 표현하는 너만의 해시태그를 만들어봐!

너가 친구 또는 가족과 갈등이 생기는 건
보통 어떤 이유 때문이야?

'오늘'을 표현하는 너만의 해시태그를 만들어봐!

얼굴만 떠올려도 힘이 되는 사람이 있어?

'오늘'을 표현하는 너만의 해시태그를 만들어봐!

선의의 거짓말이 필요하다고 생각해?

'오늘'을 표현하는 너만의 해시태그를 만들어봐!

좋아하는 일에 얼마나 많은 시간을 쓰고 있어?

'오늘'을 표현하는 너만의 해시태그를 만들어봐!

최근 알게 된 너의 새로운 모습이 있어?

'오늘'을 표현하는 너만의 해시태그를 만들어봐!

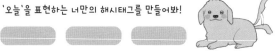

지난 일 년 동안 가장 잘한 일 한 가지만 꼽아 봐!

'오늘'을 표현하는 너만의 해시태그를 만들어봐!

어떤 음악 장르를 좋아해?
난 슬픈 발라드!

'오늘'을 표현하는 너만의 해시태그를 만들어봐!

건강을 챙기는
너만의 방법이 있다면 알려 줘!

'오늘'을 표현하는 너만의 해시태그를 만들어봐!

성격을 바꿀 수 있다면
어떻게 바뀌었으면 좋겠어?

'오늘'을 표현하는 너만의 해시태그를 만들어봐!

인생의 터닝포인트가 있어?

'오늘'을 표현하는 너만의 해시태그를 만들어봐!

너가 제일 두려워하는 것은 뭐야?

'오늘'을 표현하는 너만의 해시태그를 만들어봐!

너가 잘하는 것과 잘하고 싶은 것을 모두 적어 봐.

'오늘'을 표현하는 너만의 해시태그를 만들어봐!

오늘 나는 ————————이 좀 더 필요해!

'오늘'을 표현하는 너만의 해시태그를 만들어봐!

사람과 사람 사이에 꼭 필요한 게 뭐라고 생각해?

'오늘'을 표현하는 너만의 해시태그를 만들어봐!

너는 운이 좋은 편이야?

'오늘'을 표현하는 너만의 해시태그를 만들어봐!

최근에 얼굴이 빨개지도록 무안했던 적 있어?
무슨 일이었는지 말해 줄래?

'오늘'을 표현하는 너만의 해시태그를 만들어봐!

요즘 아침에 일어날 때 가장 먼저 떠오르는 생각이 있어?

'오늘'을 표현하는 너만의 해시태그를 만들어봐!

네가 만약 신이라면, 누구를 위해 어떤 일을 해 보고 싶어?

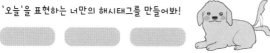

'오늘'을 표현하는 너만의 해시태그를 만들어봐!

오늘 긍정적인 말과 부정적인 말 중
어떤 걸 더 많이 썼어? 그 이유는?

'오늘'을 표현하는 너만의 해시태그를 만들어봐!

주변에 더 가까워지고 싶은 사람이 있어?
왜 가까워지고 싶어?

'오늘'을 표현하는 너만의 해시태그를 만들어봐!

요즘 너를 가장 불안하게 하는 건 무엇이야?

'오늘'을 표현하는 너만의 해시태그를 만들어봐!

신이 소원 하나를 꼭 들어 준다면 어떤 소원을 빌고 싶어?

'오늘'을 표현하는 너만의 해시태그를 만들어봐!

누가 알아 주지 않아도
너 혼자 꾸준히 하는 좋은 행동이 있어?

'오늘'을 표현하는 너만의 해시태그를 만들어봐!

혼자서 어디까지 할 수 있어?
외식, 쇼핑, 여행 등등 말이야.

'오늘'을 표현하는 너만의 해시태그를 만들어봐!

최근에 충동적으로 구매한 물건이 있어?

'오늘'을 표현하는 너만의 해시태그를 만들어봐!

넌 어떨 때 자존심이 많이 상해?

'오늘'을 표현하는 너만의 해시태그를 만들어봐!

최근에 가족 중 누군가와 오래 이야기를 나눠 본 적 있어?
어떤 이야기를 나눴어?

'오늘'을 표현하는 너만의 해시태그를 만들어봐!

앞으로 어떤 사람으로 성장하고 싶어?
그러기 위해서는 무얼 해야 할까?

'오늘'을 표현하는 너만의 해시태그를 만들어봐!

오늘을 기억할 수 있는 단어 세 가지를 고른다면?

'오늘'을 표현하는 너만의 해시태그를 만들어봐!

누군가 너를 도발하는 상황이 생긴다면 넌 어떻게 할 거야?

'오늘'을 표현하는 너만의 해시태그를 만들어봐!

DATE.

오늘 넌 누군가에게 어떤 모습으로 기억되었을까?

'오늘'을 표현하는 너만의 해시태그를 만들어봐!

친한 친구가 다른 사람에게 너를 소개한다면,
과연 너를 어떻게 소개할까?

'오늘'을 표현하는 너만의 해시태그를 만들어봐!

네 인생 가치관의 우선순위를 매겨 보자.

'오늘'을 표현하는 너만의 해시태그를 만들어봐!

너는 어디서 동기를 부여받는 편이야?

'오늘'을 표현하는 너만의 해시태그를 만들어봐!

외출할 때 절대 빼놓을 수 없는 필수품이 있다면?

'오늘'을 표현하는 너만의 해시태그를 만들어봐!

요즘 바쁘게 사느라 잊고 사는 것이 있어?

'오늘'을 표현하는 너만의 해시태그를 만들어봐!

지금의 너와 5년 전의 너를 비교해 보면,
뭐가 달라진 거 같아?

'오늘'을 표현하는 너만의 해시태그를 만들어봐!

아무도 없는 곳에서
소리 지르고 싶은 말이 있어?

'오늘'을 표현하는 너만의 해시태그를 만들어봐!

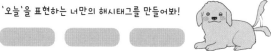

온전히 너 자신을 위해 하는 활동이 있다면 적어 보자.

'오늘'을 표현하는 너만의 해시태그를 만들어봐!

나도 모르게 즐거워서 하게 되는 일이 있어?

'오늘'을 표현하는 너만의 해시태그를 만들어봐!

전화 vs 문자 아니면
우리처럼 직접 만나는 거? 어떤게 더 편해?

'오늘'을 표현하는 너만의 해시태그를 만들어봐!

스스로 자부심을 가지고 있는 모습 세 가지를 적어 보자.

'오늘'을 표현하는 너만의 해시태그를 만들어봐!

지난 일주일 동안 일어난 일 중
한 가지를 바꿀 수 있다면 뭘 바꾸고 싶어?

'오늘'을 표현하는 너만의 해시태그를 만들어봐!

미니멀리스트 vs 맥시멀리스트

'오늘'을 표현하는 너만의 해시태그를 만들어봐!

재능 기부를 한다면 어떤 재능을 활용할 수 있어?

'오늘'을 표현하는 너만의 해시태그를 만들어봐!

네가 생각하는 행복한 삶이란 뭐야?

'오늘'을 표현하는 너만의 해시태그를 만들어봐!

오늘 몇 번 크게 웃었어?
그 때 어떤 느낌을 받았어?

'오늘'을 표현하는 너만의 해시태그를 만들어봐!

최근에 읽었던 책 중에 가장 인상 깊었던 책은?

'오늘'을 표현하는 너만의 해시태그를 만들어봐!

오늘 소비한 것들을 기록해 보자.

'오늘'을 표현하는 너만의 해시태그를 만들어봐!

가장 최근에 연락한 사람은 누구야?

'오늘'을 표현하는 너만의 해시태그를 만들어봐!

너는 무언가 새로운 걸 시작할 때 망설이는 편이야?
아니면 주저 없이 도전하는 편이야?

'오늘'을 표현하는 너만의 해시태그를 만들어봐!

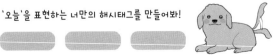

지금까지 가 본 여행지는?

'오늘'을 표현하는 너만의 해시태그를 만들어봐!

지구를 생각해서 하는 행동이 있다면?
사소한 것도 좋아.

'오늘'을 표현하는 너만의 해시태그를 만들어봐!

기분이 안 좋을 때도 너를 웃게 만드는 게 있어?

'오늘'을 표현하는 너만의 해시태그를 만들어봐!

DATE.

오늘 누구와 가장 오랜 시간을 같이 보냈어?

'오늘'을 표현하는 너만의 해시태그를 만들어봐!

요즘 미워하고 있는 사람이 있어? 있다면 그 이유가 뭐야?

'오늘'을 표현하는 너만의 해시태그를 만들어봐!

지금 당장 너에게 필요한 것 다섯 가지만 적어 봐.

'오늘'을 표현하는 너만의 해시태그를 만들어봐!

갑자기 하루의 휴가가 주어진다면
넌 무엇을 하면서 보낼 거야?

'오늘'을 표현하는 너만의 해시태그를 만들어봐!

오늘 자신에게 실망하거나 후회되는 일이 있었어?

'오늘'을 표현하는 너만의 해시태그를 만들어봐!

너의 인생에 가장 주된 키워드는 뭐라고 생각해?

'오늘'을 표현하는 너만의 해시태그를 만들어봐!

다시 태어나도 지금의 삶을 선택할 거야?

'오늘'을 표현하는 너만의 해시태그를 만들어봐!

최근에 <u>스스로</u> 반성하게 만든 일이 있었어?

'오늘'을 표현하는 너만의 해시태그를 만들어봐!

추억이 담긴 물건을 버리면서 울어 본 적 있어?
이젠 필요 없는 물건을 버렸을 뿐인데...

'오늘'을 표현하는 너만의 해시태그를 만들어봐!

오늘 너의 입에서 맴돌던 노래가 있어?

'오늘'을 표현하는 너만의 해시태그를 만들어봐!

너의 첫사랑은 어떤 사람이었어?
그 사람에게 고백은 해 봤어?

'오늘'을 표현하는 너만의 해시태그를 만들어봐!

오늘 고마웠던 사람에게 '고마워'라고 표현해 봐.
어떤 반응이야?

'오늘'을 표현하는 너만의 해시태그를 만들어봐!

넌 너에게 어떤 친구가 있었으면 좋겠어?

'오늘'을 표현하는 너만의 해시태그를 만들어봐!

미래의 너는 어떤 인생을 살고 있을까?

'오늘'을 표현하는 너만의 해시태그를 만들어봐!

가족과 가장 행복했던 추억은 뭐야?

'오늘'을 표현하는 너만의 해시태그를 만들어봐!

넌 언제 가장 빛나는 사람인 것 같아?

'오늘'을 표현하는 너만의 해시태그를 만들어봐!

돌아오는 너의 생일에 함께 보내고 싶은
친구 이름 적어 보기!

'오늘'을 표현하는 너만의 해시태그를 만들어봐!

너에게 기쁜 일이 있을 때나 슬픈 일이 있을 때나
늘 너의 편이 되어 주는 사람이 있어?

'오늘'을 표현하는 너만의 해시태그를 만들어봐!

너의 부끄러운 순간을 자꾸 들키게 되는 사람이 있어?

'오늘'을 표현하는 너만의 해시태그를 만들어봐!

DATE.

몸이 무거워!!! 오늘부터 다이어트닷!
근데 우리 내일 뭐 먹지? 벌써 행복해~

'오늘'을 표현하는 너만의 해시태그를 만들어봐!

익숙한 것 vs 새로운 것

'오늘'을 표현하는 너만의 해시태그를 만들어봐!

가장 좋아하는 친구를 여기에 그려 보는 건 어때?

'오늘'을 표현하는 너만의 해시태그를 만들어봐!

너에게 작은 정원이 생겨서
꽃을 심을 수 있다면 어떤 꽃을
심고 싶어? 이유도 알려 줘.

'오늘'을 표현하는 너만의 해시태그를 만들어봐!

자신이 솔직한 사람이라고 생각해?

'오늘'을 표현하는 너만의 해시태그를 만들어봐!

살면서 비현실적이라고 생각한 순간이 있었어?
영화 속 한 장면 같은...

'오늘'을 표현하는 너만의 해시태그를 만들어봐!

정말 하기 싫은 일이 있어?

'오늘'을 표현하는 너만의 해시태그를 만들어봐!

최근에 가장 기억에 남는
이야기가 있다면?

'오늘'을 표현하는 너만의 해시태그를 만들어봐!

소원을 빌었는데 실제로 이루어진 적 있어?

'오늘'을 표현하는 너만의 해시태그를 만들어봐!

혼자가 싫었던 순간이 있어?

'오늘'을 표현하는 너만의 해시태그를 만들어봐!

사람들에게 어떤 사람으로 기억되고 싶어?

'오늘'을 표현하는 너만의 해시태그를 만들어봐!

올해 너에게 가장 영향을 많이 준 사람 세 명을 꼽아 봐!

'오늘'을 표현하는 너만의 해시태그를 만들어봐!

너는 계획적인 편이야, 즉흥적인 편이야?

'오늘'을 표현하는 너만의 해시태그를 만들어봐!

네 인생에서 절대로 빼놓을 수 없는 것
세 가지만 꼽아 봐.

'오늘'을 표현하는 너만의 해시태그를 만들어봐!

너와 친해지는 데에는 얼마의 시간이 필요해?

'오늘'을 표현하는 너만의 해시태그를 만들어봐!

현재 친한 친구와 10년 후 어떻게 지내고 있을 것 같아?

'오늘'을 표현하는 너만의 해시태그를 만들어봐!

너무 재밌어서 두 번 이상 본 영화나 책이 있어?

'오늘'을 표현하는 너만의 해시태그를 만들어봐!

네 인생의 롤모델이 있어?

'오늘'을 표현하는 너만의 해시태그를 만들어봐!

요즘 너를 가슴 뛰게 하는 게 있다면?

'오늘'을 표현하는 너만의 해시태그를 만들어봐!

DATE.

너는 꿈을 이루기 위해 어떤 노력을 하고 있어?

'오늘'을 표현하는 너만의 해시태그를 만들어봐!

이번 주에 가장 행복했던 일 한 가지만 적어 봐.

'오늘'을 표현하는 너만의 해시태그를 만들어봐!

이때까지 어떤 일을 해 봤어?
그 일이 너에게 어떤 영향을 줬어?

'오늘'을 표현하는 너만의 해시태그를 만들어봐!

지금 당장 휴가를 낼 수 있다면 가장 먼저 뭘 할 거야?

'오늘'을 표현하는 너만의 해시태그를 만들어봐!

일상이 지루할 때...
너는 어떻게 극복해?

'오늘'을 표현하는 너만의 해시태그를 만들어봐!

누군가와 친해지고 싶을 때, 너는 어떻게 해?

'오늘'을 표현하는 너만의 해시태그를 만들어봐!

남들과는 다른 너만의 특별한 취미가 있어?

'오늘'을 표현하는 너만의 해시태그를 만들어봐!

너에게 마지막 하루만 남았다면
넌 뭘 할 거야?

'오늘'을 표현하는 너만의 해시태그를 만들어봐!

네가 가장 잘하는 요리는?

'오늘'을 표현하는 너만의 해시태그를 만들어봐!

지금보다 행복해지려면 무엇을 해야 할까?

'오늘'을 표현하는 너만의 해시태그를 만들어봐!

어깨가 '으쓱'할 정도로 네가 가장 자랑스러웠을 땐 언제였어?

'오늘'을 표현하는 너만의 해시태그를 만들어봐!

요즘 네가 푹~ 빠져 있는 건 뭐야?

'오늘'을 표현하는 너만의 해시태그를 만들어봐!

최근에 가장 부럽다고 느낀 사람이 있어?

'오늘'을 표현하는 너만의 해시태그를 만들어봐!

행복한 순간 가장 먼저 떠오르는
사람이 있다면 누구야?

'오늘'을 표현하는 너만의 해시태그를 만들어봐!

요즘 네가 가장 신경 쓰는 사람이 있어?
왜 신경 쓰게 된 건지 알려 줘.

'오늘'을 표현하는 너만의 해시태그를 만들어봐!

다시 태어난다면 남자 vs 여자
이유도 적어 봐.

'오늘'을 표현하는 너만의 해시태그를 만들어봐!

인생 통틀어 가장 큰 실패는 무엇이었어?
실패했더라도 낙담하진 마~ 그 일을 통해 얻은 게 있을 테니까.

'오늘'을 표현하는 너만의 해시태그를 만들어봐!

DATE.

난 키가 크거나 멋지지 않지만 귀여운 매력이 있지!
넌 어때? 너만의 매력이 있어?

'오늘'을 표현하는 너만의 해시태그를 만들어봐!

마음의 평안을 위해 하는 일이 있어?
운동, 멍 때리기 뭐든 좋아!

'오늘'을 표현하는 너만의 해시태그를 만들어봐!

넌 사람들에게 너의 마음을 잘 표현하고 있어?

'오늘'을 표현하는 너만의 해시태그를 만들어봐!

어릴 적에 너의 꿈은 뭐였어? 그 꿈을 이뤘어?

'오늘'을 표현하는 너만의 해시태그를 만들어봐!

너는 어떤 순간에 긴장을 많이 하는 편이야?

'오늘'을 표현하는 너만의 해시태그를 만들어봐!

DATE.

만약에 너의 반려동물이나 식물이 말을 할 수 있다면
무슨 이야기를 하고 싶어?

'오늘'을 표현하는 너만의 해시태그를 만들어봐!

지금 너에게 연락이 온다면 누구였으면 좋겠어?

'오늘'을 표현하는 너만의 해시태그를 만들어봐!

너의 보물 1호는 뭐야?

'오늘'을 표현하는 너만의 해시태그를 만들어봐!

평~생 단 한 사람만을 사랑할 수 있다면
넌 누굴 사랑하고 싶어?

'오늘'을 표현하는 너만의 해시태그를 만들어봐!

최근에 처음으로 해 본 일이 있어?

'오늘'을 표현하는 너만의 해시태그를 만들어봐!

DATE.

나무나 꽃으로 태어날 수 있다면
넌 어떤 나무나 꽃이 되고 싶어?

'오늘'을 표현하는 너만의 해시태그를 만들어봐!

넌 누군가를 구하기 위해 선의의 거짓말을 한 적 있어?

'오늘'을 표현하는 너만의 해시태그를 만들어봐!

올해 초에 세운 계획 중에 이룬 게 있어?
난... 계획을 왜 이렇게 많이 세웠었지?

'오늘'을 표현하는 너만의 해시태그를 만들어봐!

지난 일 년간 꾸준히 한 일이 있어?

'오늘'을 표현하는 너만의 해시태그를 만들어봐!

너를 색깔로 표현한다면 무슨 색인 것 같아?

'오늘'을 표현하는 너만의 해시태그를 만들어봐!

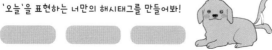

넌 요즘 어떤 것에 집중하고 있어?
무엇 때문에 그 일을 하고 있는 거야?

'오늘'을 표현하는 너만의 해시태그를 만들어봐!

'너한테만 특별하게'라는 말을 들으면 넌 기분이 어때?

'오늘'을 표현하는 너만의 해시태그를 만들어봐!

넌 한번에 여러 개의 일을 할 수 있는 사람이야?

'오늘'을 표현하는 너만의 해시태그를 만들어봐!

억울한 일이 생겼을 때 넌 누가 가장 먼저 떠올라?

'오늘'을 표현하는 너만의 해시태그를 만들어봐!

너도 누군가와 중요한 약속을 한 적 있어?
그 약속을 후회하고 있지는 않아?

'오늘'을 표현하는 너만의 해시태그를 만들어봐!

만약에 만화 속 주인공 같은 이성이
사귀자고 하면 어떻게 할 거야?
벌써부터 울렁울렁 두근두근하다~

'오늘'을 표현하는 너만의 해시태그를 만들어봐!

누군가에게 충고가 필요하다면 바로 이야기해 주는 편이야?
아니면 그냥 지켜보는 편이야?

'오늘'을 표현하는 너만의 해시태그를 만들어봐!

요즘 너의 최대 관심사는 뭐야?
요즘 내 눈이 향하는 곳은...

'오늘'을 표현하는 너만의 해시태그를 만들어봐!

너무 무섭거나 힘들 때 제일 먼저 연락하고 싶은 사람은 누구야?

'오늘'을 표현하는 너만의 해시태그를 만들어봐!

남들에게 들었던 너의 단점이 있으면 세 가지만 적어 볼래?

'오늘'을 표현하는 너만의 해시태그를 만들어봐!

가족은 너에게 어떤 의미야?

'오늘'을 표현하는 너만의 해시태그를 만들어봐!

DATE.

너 자신을 위해 배우고 있는 게 있어?

'오늘'을 표현하는 너만의 해시태그를 만들어봐!

요즘 날씨가 너무 변덕스러운 것 같아.
넌 날씨에 따라 기분 변화가 있어? 난 비가 오면 기분이 다운되는데...

'오늘'을 표현하는 너만의 해시태그를 만들어봐!

최근에 무언가 포기하고 싶다고 생각해 본 적이 있어?

'오늘'을 표현하는 너만의 해시태그를 만들어봐!

DATE.

너에게 제일 잘 어울리는 헤어 스타일은 뭐야?
그림으로 그려 줄 수 있어?

'오늘'을 표현하는 너만의 해시태그를 만들어봐!

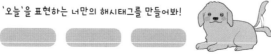

만약 다른 일을 할 수 있는 기회가 생긴다면
어떤 걸 해 보고 싶어?

'오늘'을 표현하는 너만의 해시태그를 만들어봐!

오늘 무조건 꿈을 꿀 수 있다면
넌 어떤 꿈을 꾸고 싶어?

'오늘'을 표현하는 너만의 해시태그를 만들어봐!

시간을 효율적으로 활용하는
너만의 방법이 있다면?

'오늘'을 표현하는 너만의 해시태그를 만들어봐!

너만의 장점을 다섯 가지만 적어 봐!

'오늘'을 표현하는 너만의 해시태그를 만들어봐!

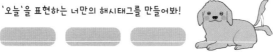

그동안 다녔던 여행지 중
가장 좋았던 곳이 있다면 소개해 줘!

'오늘'을 표현하는 너만의 해시태그를 만들어봐!

DATE.

너는 무난하고 평범하게 지내고 싶어?
아니면 예측 불가능하지만 특별하게 지내고 싶어?

'오늘'을 표현하는 너만의 해시태그를 만들어봐!

내일의 너에게 해 주고 싶은 말이 있다면?

'오늘'을 표현하는 너만의 해시태그를 만들어봐!

남들은 좋아하는데 너는 싫어하는 게 있어?

'오늘'을 표현하는 너만의 해시태그를 만들어봐!

남들은 싫어하는데 너는 좋아하는 게 있어?

'오늘'을 표현하는 너만의 해시태그를 만들어봐!

아침에 일어나서 하는 너만의 루틴이 있어?

'오늘'을 표현하는 너만의 해시태그를 만들어봐!

밤에 자기 전에 하는 너만의 루틴이 있어?

'오늘'을 표현하는 너만의 해시태그를 만들어봐!

오늘 너와 함께한 주변 사람을 떠오르는 대로 5명 적어 보자!

'오늘'을 표현하는 너만의 해시태그를 만들어봐!

요즘 너가 가장 손꼽아 기다리고 있는 일은?

'오늘'을 표현하는 너만의 해시태그를 만들어봐!

너가 좋아하는 가장 다정한 말은?

'오늘'을 표현하는 너만의 해시태그를 만들어봐!

만들고 싶은 너만의 기념일이 있어?

'오늘'을 표현하는 너만의 해시태그를 만들어봐!

날 왜 가만두지 않는 걸까?
주목받는 게 창피하고 너무 힘든데... 난 I형 인간인가?
넌 MBTI가 뭐야?

'오늘'을 표현하는 너만의 해시태그를 만들어봐!

오늘 너의 활력소는 무엇이었어?

'오늘'을 표현하는 너만의 해시태그를 만들어봐!

오늘 누군가에게 고맙다고 말한 일이 있었어?

'오늘'을 표현하는 너만의 해시태그를 만들어봐!

DATE.

오늘 하루 중에 잘한 일과 잘못한 일을 적어 볼까?

'오늘'을 표현하는 너만의 해시태그를 만들어봐!

친구란 뭘까? 요즘 들어
계속 고민해 보는 중이야.
넌 친구와의 좋은 기억이 있어?

'오늘'을 표현하는 너만의 해시태그를 만들어봐!

너는 꿈을 자주 꾸는 편이야?
주로 어떤 꿈을 꾸는 것 같아?

'오늘'을 표현하는 너만의 해시태그를 만들어봐!

위로가 필요할 때 가족에게 힘을 받아 본 적 있어?

'오늘'을 표현하는 너만의 해시태그를 만들어봐!

들을 때마다 좋았던 순간이 떠오르는 노래가 있어?
오늘은 그 노래에 대해서 이야기해 줘.

'오늘'을 표현하는 너만의 해시태그를 만들어봐!

DATE.

만약에 말야. 새로운 곳에서 살아 볼 기회가
너에게 주어진다면 어디서 살아 보고 싶어?

'오늘'을 표현하는 너만의 해시태그를 만들어봐!

DATE.

방에서 자주 하는 행동은 뭐야?
난 창문 밖을 멍~하게 쳐다보기!

'오늘'을 표현하는 너만의 해시태그를 만들어봐!

과거를 바꿀 수 있는 기회가 있다면
넌 어떤 순간을 바꿀래? 난 말이지...

'오늘'을 표현하는 너만의 해시태그를 만들어봐!

DATE.

생일날 받은 선물 중에 가장 기억에 남는 선물 있어?

'오늘'을 표현하는 너만의 해시태그를 만들어봐!

오늘 하루와 가장 잘 어울리는 색깔을 골라 봐.

'오늘'을 표현하는 너만의 해시태그를 만들어봐!

과거 vs 현재 vs 미래 중 어떤 게 제일 중요한 거 같아?

'오늘'을 표현하는 너만의 해시태그를 만들어봐!

최근 들어 가장 우울했던 날에 대해서 이야기해 줄래?

'오늘'을 표현하는 너만의 해시태그를 만들어봐!

내가 좋아하는 일과 해야하는 일 중 어떤 것에 더 노력하는 편이야?

'오늘'을 표현하는 너만의 해시태그를 만들어봐!

네가 가장 좋아하는 색깔은?

'오늘'을 표현하는 너만의 해시태그를 만들어봐!

10년 후의 너에게 전하고 싶은 메시지.

'오늘'을 표현하는 너만의 해시태그를 만들어봐!

성격 중에 고칠 점이 있어? 어떤 노력을 해야 할까?

'오늘'을 표현하는 너만의 해시태그를 만들어봐!

난 감정을 잘 드러내지 않는 편인데 넌 어때?

'오늘'을 표현하는 너만의 해시태그를 만들어봐!

너는 누군가를 사랑할 때 어떻게 변하는 것 같아?

'오늘'을 표현하는 너만의 해시태그를 만들어봐!

쉿! 아무한테도 말하지 않은 비밀이 있다면 여기에 적어 볼래?
비밀 일기장이니까 괜찮아.

'오늘'을 표현하는 너만의 해시태그를 만들어봐!

만사 귀찮고 아무것도 안 하고 싶은 날,
넌 어떻게 극복해?

'오늘'을 표현하는 너만의 해시태그를 만들어봐!

오늘은 어떤 표정으로 보낸 것 같아?
그림으로 그려 볼까?

'오늘'을 표현하는 너만의 해시태그를 만들어봐!

다시 태어날 수 있는 기회가 있다면
무엇으로 태어나고 싶어?

'오늘'을 표현하는 너만의 해시태그를 만들어봐!

수고한 너에게 셀프 선물을 준다면 무엇을 주고 싶어?
그 이유는?

'오늘'을 표현하는 너만의 해시태그를 만들어봐!

삶에 대한 만족도가 100점 만점이라면 너의 만족도는 몇 점이야?
만족스러운 부분, 불만족스러운 부분 모두 다 이야기해 보자.

'오늘'을 표현하는 너만의 해시태그를 만들어봐!

짜증나 짜증나 짜증나... 기승전결 짜증난다고.
최근에 가장 짜증났던 순간이 있어?

'오늘'을 표현하는 너만의 해시태그를 만들어봐!

살면서 너에게 가장 큰 영향을 미친 사람은 누구야?

'오늘'을 표현하는 너만의 해시태그를 만들어봐!

오늘, 아니면 최근에 일어난 가장 최악의 일은 뭐야?

'오늘'을 표현하는 너만의 해시태그를 만들어봐!

네가 가장 믿음직하다고 생각하는 사람은 누구야?
너도 그 사람에게 그런 존재야?

'오늘'을 표현하는 너만의 해시태그를 만들어봐!

DATE.

새해에 계획한 일은 얼마나 실천하고 있어?

'오늘'을 표현하는 너만의 해시태그를 만들어봐!

오늘 넌 어디서 가장 많은 시간을 보냈어?
그 곳은 너에게 어떤 의미야?

'오늘'을 표현하는 너만의 해시태그를 만들어봐!

나는 지금 _____ 하고 싶다.

'오늘'을 표현하는 너만의 해시태그를 만들어봐!

오늘도 무사히 보낸 우리에게 수고했다는 의미로
서로 격려의 말을 해 주자.

'오늘'을 표현하는 너만의 해시태그를 만들어봐!

혹시 반려동물 키우고 있어?
반려동물이 있다면 자랑 좀 해 줄래?

'오늘'을 표현하는 너만의 해시태그를 만들어봐!

어릴 적부터 간직해 온 물건 중 소중한 물건이 있어?
예를 들면 친구와 주고받은 편지나 교환 일기 같은 거?

'오늘'을 표현하는 너만의 해시태그를 만들어봐!

지금 시간을 의미 있게 잘 쓰고 있다고 생각해?

'오늘'을 표현하는 너만의 해시태그를 만들어봐!

가장 좋아하는 계절은?

'오늘'을 표현하는 너만의 해시태그를 만들어봐!

가장 최근 기분 좋았던 기억은 뭐야?

'오늘'을 표현하는 너만의 해시태그를 만들어봐!

친구가 슬퍼할 때, 어떻게 위로해 주는 편이야?

'오늘'을 표현하는 너만의 해시태그를 만들어봐!

DATE.

누군가에게 괜히 오기를 부렸던 적이 있어?

'오늘'을 표현하는 너만의 해시태그를 만들어봐!

어린 시절 넌 어떤 아이였어?

'오늘'을 표현하는 너만의 해시태그를 만들어봐!

DATE.

하고 싶지만 아직 이루지 못한 일이 있다면?

'오늘'을 표현하는 너만의 해시태그를 만들어봐!

올해 너에게 소중했던 것 베스트 10

'오늘'을 표현하는 너만의 해시태그를 만들어봐!

투명인간이 된다면 뭘 하고 싶어?

'오늘'을 표현하는 너만의 해시태그를 만들어봐!

내일 해야 할 일을 다섯 가지만 적어 보자.
잊어버리지 않게 말이야.

'오늘'을 표현하는 너만의 해시태그를 만들어봐!

DATE.

첫눈이 오는 날, 무엇을 하고 싶어?

'오늘'을 표현하는 너만의 해시태그를 만들어봐!

10년 전의 너에게 전하고 싶은 메시지.

'오늘'을 표현하는 너만의 해시태그를 만들어봐!

좋아하는 물건 중에 수집하는 게 있어?

'오늘'을 표현하는 너만의 해시태그를 만들어봐!

기분이 좋을 때 듣는 노래 베스트 10

'오늘'을 표현하는 너만의 해시태그를 만들어봐!

기분이 안 좋을 때 듣는 노래 베스트 10

'오늘'을 표현하는 너만의 해시태그를 만들어봐!

눈물이 많은 편이야? 아니면 울지 않는 편?
너의 눈물 버튼은 무엇이야?

'오늘'을 표현하는 너만의 해시태그를 만들어봐!

DATE.

바다나 산으로 여행을 갈 수 있다면?
한 곳만 선택해 봐!
나? 난 당연히 산이지!

'오늘'을 표현하는 너만의 해시태그를 만들어봐!

사람들이 말하는 행복...
행복이란 도대체 무엇일까?

'오늘'을 표현하는 너만의 해시태그를 만들어봐!

최악의 상황이 찾아왔을 때,
넌 어떻게 극복하려고 하는 편이야?

'오늘'을 표현하는 너만의 해시태그를 만들어봐!

마지막으로 하늘을 올려다본 게 언제야?
오늘 하늘은 어떤 색이었어?

'오늘'을 표현하는 너만의 해시태그를 만들어봐!

정말로 너에게 재능이 없다고
느껴 본 적이 있어?

'오늘'을 표현하는 너만의 해시태그를 만들어봐!

상처 받았던 기억 중에 아직 아물지 않아 아픈 기억이 있어?

'오늘'을 표현하는 너만의 해시태그를 만들어봐!

숲속에서 혼자 지내다 보니 심심할 때가 있어.
넌 심심할 땐 뭘 해?

'오늘'을 표현하는 너만의 해시태그를 만들어봐!

단짝 친구와의 첫 만남은 어땠어?

'오늘'을 표현하는 너만의 해시태그를 만들어봐!

내일 지구가 멸망한다면 오늘 꼭 만나고 싶은 사람이 있어?

'오늘'을 표현하는 너만의 해시태그를 만들어봐!

누군가의 마음에 상처를 준 적이 있어?

'오늘'을 표현하는 너만의 해시태그를 만들어봐!

오늘 나한테 자랑하고 싶은 일이 있었어?

'오늘'을 표현하는 너만의 해시태그를 만들어봐!

기억 중 한 장면을 사진으로 뽑을 수 있다면 어느 순간을 인화하고 싶어?
그 장면을 한번 그려 볼까?

'오늘'을 표현하는 너만의 해시태그를 만들어봐!

DATE.

내일은 어떤 옷을 입을 거야?

'오늘'을 표현하는 너만의 해시태그를 만들어봐!

지금 혼자 라디오를 듣고 있다면 라디오에서 나왔으면 하는 노래는?

'오늘'을 표현하는 너만의 해시태그를 만들어봐!

'내가 왜 그런 말을 했을까?'라고 후회해 본 적 있어?
그 말을 어떻게 했으면 좋았을까?

'오늘'을 표현하는 너만의 해시태그를 만들어봐!

너를 물건에 비유한다면?

'오늘'을 표현하는 너만의 해시태그를 만들어봐!

너를 동물에 비유한다면?

'오늘'을 표현하는 너만의 해시태그를 만들어봐!

너의 마음에 이름을 붙일 수 있다면
어떤 이름을 지어 주고 싶어?

'오늘'을 표현하는 너만의 해시태그를 만들어봐!

피곤한 오늘 하루...
생각하면 없던 힘도 나게 하는 무언가가 있어?

'오늘'을 표현하는 너만의 해시태그를 만들어봐!

좋아하는 디저트나 간식이 있어?

'오늘'을 표현하는 너만의 해시태그를 만들어봐!

지금 가장 가지고 싶은 것이 있다면?

'오늘'을 표현하는 너만의 해시태그를 만들어봐!

오늘 하루 중 '너를 미소 짓게 한 순간'이 있어? 잊혀지기 전에 그림으로 그려 보자.
서툴러도 좋아. 너만의 표현 방식이잖아.

'오늘'을 표현하는 너만의 해시태그를 만들어봐!

생각지도 못했는데
감동을 받았던 적이 있다면
이야기해 줄래?

'오늘'을 표현하는 너만의 해시태그를 만들어봐!

지칠 때 기운낼 수 있는 방법이 있으면 나도 알려 줘.

'오늘'을 표현하는 너만의 해시태그를 만들어봐!

생각만 해도 눈물이 맺히는 슬픈 기억이 있어?

'오늘'을 표현하는 너만의 해시태그를 만들어봐!

올해는 작년보다 만족스러운 한 해였어?
어떤 게 만족스러웠고 어떤 게 불만족스러웠어?

'오늘'을 표현하는 너만의 해시태그를 만들어봐!

넌 요즘 얼마나 자주 행복을 느끼는 것 같아?
너의 행복을 점수로 매겨 본다면?

'오늘'을 표현하는 너만의 해시태그를 만들어봐!

DATE.

벌써 올해도 다 지나가네!!
새로운 일 년을 보낼 나 자신에게 해 주고 싶은 말이나
약속이 있다면 적어 보자!

'오늘'을 표현하는 너만의 해시태그를 만들어봐!

DATE.

나랑 소곤소곤 나누는 마지막 이야기야.
너무 아쉽고 헤어지기 싫다...
너도 나에게 하고 싶은 말이 있어?

'오늘'을 표현하는 너만의 해시태그를 만들어봐!

우리의 이야기는 아직 끝나지 않았다구!

이대로 끝나는 게 아쉬울 것 같아서...

너의 버킷리스트를 작성할 수 있도록 준비해 봤어.

이루고 싶은 것들을 적어 보고 세부 계획도 세워 봐!

01. ☐	26. ☐
02. ☐	27. ☐
03. ☐	28. ☐
04. ☐	29. ☐
05. ☐	30. ☐
06. ☐	31. ☐
07. ☐	32. ☐
08. ☐	33. ☐
09. ☐	34. ☐
10. ☐	35. ☐
11. ☐	36. ☐
12. ☐	37. ☐
13. ☐	38. ☐
14. ☐	39. ☐
15. ☐	40. ☐
16. ☐	41. ☐
17. ☐	42. ☐
18. ☐	43. ☐
19. ☐	44. ☐
20. ☐	45. ☐
21. ☐	46. ☐
22. ☐	47. ☐
23. ☐	48. ☐
24. ☐	49. ☐
25. ☐	50. ☐

★ TO DO ★

♦ NOTE ♦

★ TO DO ★

◆ NOTE ◆

PLAN

★ TO DO ★

◆ NOTE ◆

★ TO DO ★

◆ NOTE ◆

♥ PLAN ♥

★ TO DO ★

◆ NOTE ◆

PLAN

★ TO DO ★

◆ NOTE ◆

★TO DO★

◆NOTE◆

★ TO DO ★

◆ NOTE ◆

숲속의 담
소곤소곤 비밀 이야기

초판 발행 2024년 1월 5일

원작 숲속의 담

그림 다홍

펴낸이 김길수

총괄 김태경

기획&디자인 임정원

진행 최윤정

영업 박준용, 임용수, 김도현, 이윤철

마케팅 이승희, 김근주, 조민영, 김민지, 김도연, 김진희, 이현아

제작 황장협

인쇄 제이엠

펴낸곳 (주)영진닷컴

주소 (우)08507 서울특별시 금천구 가산디지털1로 128

STX-V타워 4층 401호 (주)영진닷컴

401, STX-V Tower, 128, Gasan digital 1-ro,

Geumcheon-gu, Seoul, Republic of Korea 08507

이메일 support@youngjin.com

홈페이지 https://www.youngjin.com

ISBN 978-89-314-6974-5

안녕~! 소중한 우리의 이야기